El Quijote de la Mancha II

Miguel de Cervantes

Adaptado por Victoria Muñiz

en CLAVE | ELE

Dirección editorial: Raquel Varela

Adaptación del texto: Victoria Muñiz
Corrección: Coni Asensio
Maquetación: Consuelo Delgado
Ilustración: Fernando San Martín

Depósito legal:
ISBN: 2090341912
Impreso en España
Imprime: Mateu Cromo

Índice

Presentación del autor y la obra

Miguel de Cervantes nació en 1547 en Alcalá de Henares. Marchó a Italia como soldado y participó en la batalla de Lepanto en 1571. Cuando regresaba a España fue hecho prisionero en Argel, donde estuvo cinco largos años.

Las dificultades económicas fueron una constante en su vida. En 1585 publicó su primera novela, *La Galatea.* Dos años después se estableció en Sevilla como recaudador de impuestos. Su trabajo le obligó a viajar por Andalucía y conoció muchos pueblos y sus gentes; todo ese mundo quedó retratado después en *El Quijote.*

En 1606 se trasladó a Madrid y allí vivió hasta su muerte en 1616. Este último periodo de su vida fue el de mayor creación literaria, pues el éxito de *El Quijote* en 1605 le llevó a publicar las *Novelas Ejemplares* en 1613, la segunda parte del *Quijote* y sus *Comedias y entremeses* en 1615.

Cervantes es considerado el creador de la novela moderna con *El ingenioso hidalgo don Quijote de la Mancha,* la mejor obra de la literatura en lengua española.

En la primera parte se relatan dos viajes de don Quijote por caminos de La Mancha. En la segunda parte, se cuenta la tercera salida y en ella los protagonistas van creciendo en profundidad. Ahora está más presente el juego de la mentira y llega a ser cruel el uso que hacen de ella los demás personajes para burlarse de don Quijote y Sancho. Cervantes consigue hacer una obra maestra sobre la problemática humana, tratando con sabia ironía temas tan universales como el ansia de justicia, el valor de la amistad, la necesidad de defender los propios valores y el juego de la mentira.

Capítulo I

El cura y el barbero visitan a don Quijote enfermo

Cuenta el autor en la segunda parte de esta historia, y tercera salida de don Quijote, que el cura y el barbero estuvieron casi un mes sin verle por no recordarle las cosas pasadas; pero veían a su sobrina y a su ama para saber de él.

Cuando visitaron a don Quijote, le encontraron sentado en la cama y muy flaco. Él los recibió muy bien y habló con tan buen juicio de todos los temas, que los dos amigos creyeron que estaba bueno del todo. La sobrina y el ama se alegraban de ello. Pero cuando el cura comentó la noticia de que un poderoso ejército iba a atacar las costas españolas, don Quijote dijo:

—Yo aconsejaría a su majestad[1] que mandase reunir a todos los caballeros andantes que hay en España.

—¡Ay! —dijo entonces la sobrina—. ¡Que me maten si no quiere mi señor volver a ser caballero andante!

—Caballero andante he de morir —respondió don Quijote.

En esto oyeron que el ama y la sobrina, que ya habían dejado la conversación, daban grandes voces en el patio, y acudieron todos al ruido. Ellas discutían con Sancho para no dejarle entrar.

—Id a vuestra casa, que vos sois quien distrae a mi señor y le lleva por esos caminos —decía el ama.

—Fue tu amo quien me llevó por esos mundos y me sacó de mi casa con engaños, prometiéndome una ínsula que todavía espero.

[1] **su majestad:** forma de tratamiento para dirigirse al rey o hablar de él.

—Y ¿qué son ínsulas? ¿Es alguna cosa de comer, comilón? —respondió la sobrina.

—No es de comer —contestó Sancho—, sino de gobernar.

Don Quijote mandó a las dos mujeres que callasen y le dejasen entrar.

Entró Sancho, y el cura y el barbero se despidieron de don Quijote, de cuya salud temieron lo peor. Se asombraron de la locura del caballero y de la simplicidad del escudero, que se había creído aquello de la ínsula, y pensaron que ambos volverían a buscar aventuras.

Don Quijote se encerró con Sancho en su cuarto y, estando solos, le dijo:

—Mucho me pesa[2], Sancho, que hayas dicho que yo fui quien te sacó de casa, pues juntos salimos, juntos fuimos y juntos caminamos; la misma suerte hemos tenido los dos. Si a ti te mantearon una vez, a mí me han golpeado cien.

—Según vuestra merced dice, a los caballeros andantes les suceden más desgracias que a sus escuderos —respondió Sancho.

—Te engañas, Sancho, que cuando la cabeza duele, todos los miembros del cuerpo duelen. Y puesto que soy tu amo y señor, yo soy tu cabeza y tú mi parte, pues eres mi criado. Por esta razón, el mal que a mí me toca te ha de doler a ti, y a mí el tuyo.

—Así había de ser —dijo Sancho—; pero cuando a mí me manteaban como a miembro, mi cabeza estaba detrás de las paredes del corral, mirándome volar por los aires, sin sentir dolor alguno.

—¿Quieres decir, Sancho —respondió don Quijote—, que a mí no me dolía cuando a ti te manteaban? Pues más dolor sentía yo entonces en mi espíritu que tú en tu cuerpo. Pero dejemos esto ahora y dime, Sancho amigo, ¿qué es lo que dicen de mí por aquí? ¿Qué opinión tiene de mí la gente?

---

[2] **me pesa:** siento, apenar algo; de ahí la palabra *pésame* para indicar pena.

¿Qué dicen de mis hazañas y valentía? Dímelo sin añadir ni quitar nada, pues los criados leales* deben decir la verdad a sus señores, y quiero que sepas, Sancho, que si a los príncipes y reyes llegase la verdad desnuda, mejores tiempos viviríamos.

—La gente tiene a vuestra merced por grandísimo loco, y a mí por idiota —dijo Sancho—. En cuanto a la valentía y hazañas, hay diferentes opiniones; unos dicen: "loco, pero gracioso"; otros, "valiente pero desgraciado". Y por aquí van diciendo tantas cosas, que ni a vuestra merced ni a mí nos dejan hueso sano[3].

—Mira, Sancho —dijo don Quijote—, la virtud* siempre es perseguida.

—Y esto que he dicho es poco —dijo Sancho—. Si vuestra merced quiere conocer las mentiras que se dicen, yo le traeré aquí al bachiller[4] Sansón Carrasco, que viene de estudiar de Salamanca[5], y dice que ya está en libros la historia de vuestra merced, con el nombre de *El ingenioso hidalgo don Quijote de la Mancha.* Dice que también me mencionan* a mí, con mi nombre de Sancho Panza, y a la señora Dulcinea del Toboso, junto con otras cosas que pasamos nosotros a solas* y que no entiendo cómo las pudo saber el historiador que las escribió.

—Yo te aseguro, Sancho —dijo don Quijote—, que debe de ser algún sabio encantador el autor de nuestra historia, pues ellos lo saben todo. Tráeme a ese bachiller, que me gustará oírle.

---

[3] **no dejar hueso sano:** aquí en sentido metafórico, criticar mucho a alguien.
[4] **bachiller:** estudiante que ha obtenido el primer nivel académico.
[5] **Salamanca:** ciudad de Castilla, famosa por su Universidad.

II Capítulo

La conversación entre don Quijote, Sancho y el bachiller

Pensativo quedó don Quijote esperando al bachiller Carrasco. No podía creer que hubiese tal historia escrita e imaginó que algún sabio la habría hecho por encantamiento.

Cuando llegaron Sancho y Carrasco, don Quijote recibió a este con mucha cortesía. Aunque se llamaba Sansón, el bachiller no era muy grande de cuerpo. Tendría unos veinticuatro años; era de cara redonda, de nariz chata y de boca grande. Como le gustaban las burlas, se puso de rodillas delante de don Quijote y le dijo:

—Deme las manos, señor don Quijote de la Mancha, porque es vuestra merced uno de los más famosos caballeros andantes que ha habido y habrá en toda la tierra. Mi enhorabuena a Cide Hamete Benengeli por dejar escrita la historia de vuestras hazañas y a la persona que tuvo cuidado de traducirla del árabe a nuestra lengua castellana, para el universal entretenimiento de las gentes.

Don Quijote le hizo levantar y le dijo:

—Entonces, ¿es verdad que hay una historia escrita sobre mí y que fue un sabio moro el que la hizo?

—Es tan verdad —dijo Sansón— que al día de hoy están impresos* más de doce mil libros de esa historia, y creo que no habrá nación ni lengua donde no se traduzca.

—Dígame, señor bachiller —dijo don Quijote—, ¿qué hazañas mías son las que más se valoran en esa historia?

—En eso —respondió el bachiller— hay diferentes opiniones: unos prefieren la aventura de los molinos de viento, que a vuestra merced le parecieron gigantes; otros, la de los batanes; algunos dicen que la mejor fue la liberación de los galeotes; otros, que ninguna hazaña se iguala a la pelea con el vizcaíno. Y algunos que han leído la historia dicen que hubieran preferido que no se hubiesen escrito algunos de los muchos palos que dieron al señor don Quijote.[6]

—Pero esa es la verdad de la historia —dijo Sancho.

—También podían no haberse escrito —dijo don Quijote—, porque las acciones que no cambian la verdad de la historia no hay por qué escribirlas si perjudican al protagonista de la historia.

—Así es —respondió el bachiller—, pero una cosa es escribir como poeta y otra hacerlo como historiador. El poeta puede contar las cosas, no como fueron, sino como debían ser, y el historiador las ha de escribir, no como debían ser, sino como fueron, sin añadir ni quitar nada.

—¿Y qué se dice de mí? —dijo Sancho—, que también soy uno de los principales personajes.

—Por supuesto, Sancho —respondió Carrasco—, vos sois la segunda persona de la historia, y hay quien prefiere oíros hablar a vos. Pero también hay quien dice que fuisteis demasiado confiado al creer que podía ser verdad el gobernar una ínsula.

—Aún hay tiempo —dijo don Quijote—, y cuanto mayor sea Sancho en edad, con la experiencia que dan los años, más hábil* será para gobernar.

—Gobernadores he visto por ahí —dijo Sancho— que, a mi parecer, no llegan a la suela de mi zapato[7] y, sin embargo, los llaman señoría.

—¿Y promete el autor una segunda parte? —dijo don Quijote.

—Sí promete —respondió el bachiller—, pero dice que no ha encontrado la historia en árabe para traducirla y darla a

[6] En este capítulo, Cervantes comenta con ironía su propia obra, en respuesta a la crítica que habían hecho a su primera parte, y expone su teoría literaria.
[7] **no llegan a la suela de mi zapato:** valen menos que yo, son peores.

imprimir, y así estamos en duda de si saldrá o no, y también porque algunos dicen "Nunca segundas partes fueron buenas".

—Pues no van a faltar aventuras para escribir, no sólo segunda parte, sino cien —dijo Sancho—. Si mi señor siguiese mi consejo, ya estaríamos por ahí deshaciendo ofensas, como es costumbre de los buenos caballeros andantes.

Al decir esto, llegaron a sus oídos los relinchos de Rocinante, y don Quijote pensó que eran una buena señal y decidió salir de nuevo en tres o cuatro días. Pidió consejo al bachiller de por dónde empezar el viaje, y este le respondió que fuese a la ciudad de Zaragoza, en el reino de Aragón, a participar en un torneo[8] que se iba a celebrar por las fiestas de San Jorge. Allí podría ganar fama luchando contra todos los caballeros aragoneses. Y le aconsejó que tuviese más cuidado ante los peligros, porque había mucha gente que le necesitaba.

—De eso me quejo yo —dijo Sancho—, que mi señor ataca igual a cien hombres armados que a uno. Pero, sobre todo, aviso a mi señor que si me lleva consigo, ha de ser con la condición de que él tiene que pelear solo, y que yo únicamente he de cuidar de su limpieza y alimento. Yo no quiero ganar fama de valiente, sino del mejor y más leal escudero que jamás sirvió a caballero andante. Sancho nací y Sancho pienso morir; pero si me diese el cielo alguna ínsula, no soy tan tonto para rechazarla.

—Habéis hablado como un sabio —dijo el bachiller.

Quedaron en que saldrían en ocho días. Don Quijote pidió al bachiller que mantuviese en secreto su salida, especialmente al cura y al barbero, y a su sobrina y al ama, para que no se lo impidiesen. Todo lo prometió el bachiller y se despidió.

[8] **torneo:** competición que imitaba las peleas a caballo entre caballeros que había en la Edad Media.

Capítulo III

La graciosa charla entre Sancho y su mujer

Llegó Sancho a su casa tan alegre que su mujer, Teresa, le preguntó qué ocurría.

—Mujer mía —respondió él—, yo estoy alegre porque he decidido volver a servir a mi amo don Quijote, que quiere salir por tercera vez a buscar aventuras, pero me entristece tener que separarme de ti y de mis hijos. De verdad que no iría si no pensase que pronto seré gobernador de una ínsula.

—Pues vivid y no penséis en gobiernos —dijo Teresa—. Pero si por suerte conseguís algún gobierno, no os olvidéis de mí y de vuestros hijos. Sanchico tiene ya quince años y debe ir a la escuela, y Mari Sancha desea tener marido.

—Si llego a tener un gobierno —respondió Sancho—, a Mari Sancha la casaré bien y la tendrán que llamar señora.

—Eso no, Sancho —respondió Teresa—; casadla con alguien igual que ella, porque si le cambiáis la ropa de pobre por vestidos de seda y la tratan de señora, ella tendrá mil equivocaciones y descubrirán quién es en realidad.

—Calla, tonta —dijo Sancho—, que eso será los dos o tres primeros años, después sabrá comportarse como señora.

—Traed vos dinero —respondió ella—, y dejadme a mí el casarla. Llevaos a Sanchico, para que le enseñéis a gobernar, que está bien que los hijos aprendan la profesión de sus padres.

—Cuando tenga un gobierno —dijo Sancho—, le haré ir y te enviaré dinero, que no me faltará; vístele de modo que disimule* lo que es y parezca lo que ha de ser.

—Yo lo vestiré como a un señor —dijo Teresa.

Sancho fue luego a ver a don Quijote para preparar la salida.

IV Capítulo

La tercera salida de don Quijote

Un día al anochecer, sin que nadie los viese, excepto el bachiller, que quiso acompañarlos, salieron de la aldea don Quijote sobre Rocinante y Sancho sobre su asno. El bachiller Sansón Carrasco abrazó a don Quijote y le pidió que le enviase noticias. Así lo prometió don Quijote, y él y Sancho tomaron el camino de la ciudad del Toboso.

Don Quijote quería ir al Toboso antes de empezar cualquier aventura, para recibir la bendición y el permiso de la hermosa Dulcinea y así acabar felizmente toda aventura.

—Pues tendrá que verla desde las paredes del corral donde limpia el trigo, como yo la vi la primera vez —dijo Sancho.

—¿Todavía insistes, Sancho —dijo don Quijote—, en pensar y decir que mi señora limpiaba trigo, cuando ese no es un trabajo de personas principales? La envidia* de algún encantador debió de transformar las cosas.

Era medianoche cuando don Quijote y Sancho entraron en el Toboso. Estaba el pueblo en silencio, porque todos sus vecinos dormían. Era la noche clara. Sancho hubiera querido una noche oscura, para que la oscuridad le disculpara de no saber dónde estaba la casa de Dulcinea.

—Sancho, hijo —dijo don Quijote—, guíame al palacio de Dulcinea; quizá la hallemos* despierta.

—Señor —dijo Sancho—, ya que vuestra merced quiere que sea palacio la casa de Dulcinea, ¿es hora esta de hallar la puerta abierta o de llamar para que la abran? ¿Y cómo quiere que la halle de noche si sólo la vi una vez? Ni vuestra merced es capaz de hallarla habiéndola visto millares de veces.

—¿No te he dicho mil veces que jamás he visto a la hermosa Dulcinea —dijo don Quijote— y que sólo estoy enamorado de oídas[9] por su gran fama?

—Si vuestra merced no la ha visto, yo tampoco —respondió Sancho.

—Eso no puede ser —dijo don Quijote—. Tú me has dicho que la viste limpiando trigo, cuando le llevaste mi carta.

—Pero también la vi de oídas —respondió Sancho.

—Sancho, Sancho —respondió don Quijote—, tiempo hay para las burlas pero no es ahora el momento.

—Señor, pronto amanecerá y no será bueno que nos vean en la calle; será mejor que salgamos de la ciudad y que vuestra merced se oculte en un bosque cercano. Yo volveré y buscaré por todas partes la casa o palacio de mi señora, y cuando la halle, le diré que vuestra merced la quiere ver.

—Es un buen consejo el que me has dado —dijo don Quijote.

Sancho estaba deseando sacar a su amo del pueblo, para que no averiguase* la mentira que le había contado cuando don Quijote estaba en Sierra Morena. Cerca del lugar hallaron un bosque, donde don Quijote se quedó mientras Sancho volvía a la ciudad a hablar con Dulcinea.

[9] **de oídas:** sin verla, sólo por lo que dice la gente. Se suele utilizar con el verbo *saber* ("sé de oídas").

V Capítulo

El encantamiento de la señora Dulcinea

En cuanto salió del bosque, Sancho se bajó del asno y sentándose al pie de un árbol comenzó a pensar:

—Ni yo ni mi amo hemos visto jamás a Dulcinea, así que será muy difícil buscarla en el Toboso. Ahora bien, mi amo es un loco de atar[10], y yo soy más tonto por seguirle y servirle; con verdad dice el refrán "Dime con quién andas y te diré quién eres"[11]. Como su locura es que confunde unas cosas con otras, no será muy difícil hacerle creer que una labradora, la primera que encuentre por aquí, es la señora Dulcinea. Si él no lo cree, yo juraré que es. Quizá pensará entonces que algún encantador le habrá cambiado la figura.

Sancho se tranquilizó y decidió permanecer allí hasta la tarde, para que don Quijote pensase que había ido y vuelto del Toboso. Cuando se levantó para subir al asno, vio que venían tres labradoras* sobre tres borricos*. Sancho fue deprisa a buscar a su señor don Quijote y le dijo:

—Traigo buenas noticias. Salga ahora del bosque con Rocinante y verá a la señora Dulcinea del Toboso, que con otras dos doncellas[12] suyas viene a ver a vuestra merced.

—¡Santo Dios! ¿Qué es lo que dices? —dijo don Quijote—. No me engañes ni quieras alegrarme con falsas alegrías.

—Venga, señor, y verá a la princesa, nuestra ama, vestida lujosamente. Sus doncellas y ella van cubiertas de oro y joyas, sus cabellos sueltos son rayos del sol y todas vienen a caballo.

---

[10] **loco de atar:** muy loco; se refiere a la antigua costumbre de atar a los locos para llevarlos a un centro hospitalario.

[11] Refrán para afirmar que las compañías influyen en cómo es la persona.

[12] **doncella:** aquí, criada de una señora de clase alta y que por ello viste bien.

Cuando salieron del bosque, dijo don Quijote:

—Yo sólo veo a tres labradoras sobre tres borricos.[13]

—¿Es posible que tres yeguas blancas como la nieve le parezcan borricos? —dijo Sancho.

—Pues yo te digo, Sancho, que es tan verdad que son borricos o borricas como yo soy don Quijote y tú Sancho Panza.

Pero Sancho se arrodilló ante una de ellas y dijo:

—Reina y princesa de la hermosura, reciba al caballero vuestro, que allí está emocionado de verse ante vos. Yo soy Sancho Panza, su escudero, y él es el caballero don Quijote de la Mancha, llamado también el Caballero de la Triste Figura.

Don Quijote ya se había puesto de rodillas junto a Sancho y miraba admirado a la que Sancho llamaba reina y señora; y como sólo veía una moza aldeana, chata y de cara redonda, no se atrevió a decir nada.

—¡Ahora vienen los señoritos a hacer burla de las aldeanas! —dijo ella—. Sigan su camino y déjennos marchar.

—Levántate, Sancho —dijo don Quijote—, que ya veo que el malvado encantador me persigue y ha transformado, ¡oh, doncella!, tu hermosura y rostro en el de una labradora pobre, pero no dejes de mirarme amorosamente viendo cómo mi alma te adora.

—¡Anda, mi abuelo! —respondió la aldeana—. ¡Amiguita soy yo de oír piropos! Apártense y déjennos ir.

Y echó a correr con su burro, pero este comenzó a dar saltos y tiró a la "señora Dulcinea" al suelo. Don Quijote quiso ayudarla, pero ella sola dio un salto y montó sobre el animal. Después ella y sus doncellas se fueron corriendo.

Sancho exclamó sorprendido de ver esta habilidad con los caballos, y don Quijote se lamentó de que los encantadores sólo le dejasen ver a una fea aldeana que olía a ajos.

[13] En esta segunda parte don Quijote verá siempre la realidad tal como es, y serán Sancho y otros personajes quienes inventen las mentiras.

Capítulo VI

La aventura del Caballero del Bosque

Don Quijote y Sancho siguieron el camino de Zaragoza. Al anochecer pararon debajo de unos árboles a comer y descansar. Finalmente, se quedaron dormidos, pero poco después un ruido despertó a don Quijote. Se levantó y vio que eran dos hombres a caballo que se sentaban en la hierba. El ruido de las armas al sentarse hizo pensar a don Quijote que debía de ser caballero andante y despertó a Sancho.

—Tenemos aventura, Sancho. Escucha.

—¡Oh, la más hermosa y cruel* mujer del mundo! —se quejó el caballero—. ¿Cómo es posible, bellísima Casildea, que permitas que tu caballero se canse en duros trabajos? ¿No basta que he obligado a confesar a todos los caballeros de Navarra[14], a todos los castellanos y, finalmente, a todos los caballeros de la Mancha que eres la más hermosa del mundo?

—Eso no —dijo entonces don Quijote—; que yo soy de la Mancha y nunca he confesado eso.

El Caballero del Bosque oyó que hablaban cerca de él y gritó que se acercasen.

—Sentaos aquí, señor —le dijo a don Quijote—, que para entender que sois caballero andante me basta el haberos hallado en este lugar de soledad.

—Caballero soy —respondió don Quijote—, y mis tristezas no me impiden tener compasión* de las vuestras, supongo que causadas por el amor que tenéis a aquella hermosa señora que nombrasteis en vuestros lamentos.

---

[14] **Navarra:** región en el noreste de España, junto a los Pirineos.

Mientras tanto, el escudero del Caballero del Bosque tomó por el brazo a Sancho para hablar con él en otra parte y se pusieron a charlar.

—Trabajosa vida es la que pasamos los escuderos de caballeros andantes —dijo el escudero del Bosque—; claro que la esperanza de conseguir una ínsula nos ayuda a soportarlo.

—Yo —dijo Sancho— ya he dicho a mi amo que me contento con el gobierno de alguna ínsula, y él es tan noble y generoso que me lo ha prometido muchas veces.

—Pero mejor sería que volviésemos a nuestras casas y allí nos entretuviésemos cazando o pescando —dijo el del Bosque.

—Al menos con vuestra merced podré consolarme* —respondió Sancho—, pues sirve a otro amo tan tonto como el mío; claro que el mío no sabe hacer mal a nadie, no tiene malicia alguna, y por esa sencillez le quiero.

De tanto hablar, se les secaba la lengua y el escudero del Bosque trajo una bota de vino y una enorme empanada de carne. Comía Sancho con ganas y disfrutó del rico vino.

—Por estos placeres digo que dejemos de andar buscando aventuras y nos volvamos a nuestras casas —dijo el del Bosque.

—Hasta que mi amo llegue a Zaragoza, le serviré —dijo Sancho.

Mientras tanto, el Caballero del Bosque seguía hablando con don Quijote y le decía que su mayor triunfo había sido vencer al famoso caballero don Quijote de la Mancha y hacerle confesar que su amada Casildea era más hermosa que Dulcinea. Don Quijote quedó admirado de oír aquello y estuvo por decirle que mentía, pero tranquilamente le dijo:

—Pongo en duda que vuestra merced haya vencido a don Quijote de la Mancha. Sería otro que se le pareciese.

—¿Cómo que no? —dijo el del Bosque—. Yo peleé con don Quijote y le vencí. Es un hombre alto de cuerpo, flaco, de nariz curva, con canas y de bigote grande, negro y caído. Lucha con el nombre de Caballero de la Triste Figura y tiene un escudero llamado Sancho Panza, su caballo es Rocinante y tiene por señora a una tal Dulcinea del Toboso. Si todo esto no basta para confirmar mi verdad, aquí está mi espada para obligar a que me crean.

—Tranquilizaos, señor caballero —dijo don Quijote—. Habéis de saber que ese don Quijote que decís es el mismo que yo, pero no es posible que sea el mismo, a no ser que uno de sus muchos enemigos encantadores haya tomado su figura para dejarse vencer y quitarle la fama. Y para confirmar esto, quiero también que sepáis que esos encantadores transformaron la figura de la hermosa Dulcinea en una fea aldeana, y de la misma manera habrán transformado a don Quijote. Y si todo esto no basta para ver la verdad, aquí está el mismo don Quijote que la defenderá con sus armas —y sacó la espada.

—El que una vez, señor don Quijote —dijo el Caballero del Bosque—, pudo venceros transformado, también podrá hacerlo ahora. Pero esperemos a que sea de día para que el sol vea nuestras obras. Y ha de ser condición de nuestra batalla que el vencido ha de hacer todo lo que el vencedor quiera.

Don Quijote aceptó y ambos fueron a donde estaban sus escuderos. Los encontaron roncando* y los despertaron para que preparasen los caballos para la gran batalla. Sancho temió por la salud de su amo, pues el otro escudero le había hablado de la valentía de su señor.

El escudero del Bosque dijo a Sancho que ellos también debían pelear mientras sus amos luchaban, pues así era costumbre en Andalucía[15].

—Yo no he oído decir eso a mi amo, que sabe de memoria todas las normas de la caballería andante. Y no seré tan desagradecido de pelear con quien he comido —dijo Sancho.

—Pues yo le daré a vuestra merced tres o cuatro bofetadas y así se enojará conmigo —dijo el otro.

[15] **Andalucía:** amplia región en el sur de España.

Pero Sancho, viendo con la luz del día la enorme nariz que tenía el escudero del Bosque, decidió ver de lejos la pelea de su amo y pidió a don Quijote que le ayudase a subir a un árbol.

El Caballero del Bosque, creyendo que don Quijote estaba ya preparado, echó a correr con su caballo, pero viéndole con Sancho, paró de repente. Don Quijote, que le pareció que su enemigo venía volando, hizo correr a Rocinante y atacó al Caballero del Bosque con tanta fuerza que le hizo caer al suelo.

Cuando don Quijote le descubrió la cara para ver si estaba vivo o muerto, vio… que era la misma figura del bachiller Sansón Carrasco y creyó que era otro encantamiento. Llamó a Sancho y este se quedó igualmente asombrado.

—Pienso, señor, que vuestra merced debe meter la espada por la boca a este que parece el bachiller Carrasco, quizá mate así a alguno de sus enemigos encantadores —dijo Sancho.

Cuando iba a seguir el consejo de Sancho, llegó el escudero del Bosque, ya sin la nariz enorme, gritando que era de verdad el bachiller. Sancho, al ver que la gran nariz había sido de mentira, descubrió que el escudero era un vecino suyo.

Volvió en sí el Caballero del Bosque y don Quijote le dijo:

—Muerto sois, caballero, si no confesáis que la hermosa Dulcinea del Toboso es mucho más bella que vuestra Casildea y que aquel caballero que vencisteis no fue don Quijote de la Mancha sino otro que se le parecía.

El Caballero del Bosque confesó todo por verse libre y marchó con su escudero. Don Quijote y Sancho se quedaron con la duda de si fue cosa de encantadores y siguieron su camino a Zaragoza.

Dice la historia que el bachiller había preparado el engaño con el cura y el barbero para obligar a don Quijote a volver a casa después de vencerle, cosa que el bachiller veía fácil, y era claro que don Quijote cumpliría ese deseo del caballero vencedor para no ir contra las leyes de la caballería.

Capítulo VII

El encuentro con el Caballero del Verde Gabán

Iba don Quijote con la alegría por la pasada victoria, cuando los alcanzó un hombre vestido con un verde gabán[16], que venía detrás de ellos sobre una hermosa yegua. El caminante los saludó cortésmente y don Quijote le invitó a ir con ellos si llevaba el mismo camino y no tenía prisa.

Mientras caminaban, don Quijote miraba mucho al Caballero del Verde Gabán, por parecerle un gran señor. Era de unos cincuenta años, con pocas canas y la mirada entre alegre y seria. El Caballero del Verde Gabán también miraba mucho a don Quijote, pues le sorprendía su delgadez, su rostro flaco y sus armas antiguas. Don Quijote notó la atención con que el caminante le miraba y le contó su vida como caballero andante.

El Caballero del Verde Gabán tardaba en responderle y al final dijo:

—Acertasteis en conocer mi deseo de saber quién sois, pero quedo igual de maravillado. ¿Cómo es posible que haya hoy caballeros andantes en el mundo? ¿Hay quien dude de que son falsas esas historias?

—Yo lo dudo —respondió don Quijote—, y espero poder demostrarle que son verdaderas.

El del Verde Gabán pensó entonces que don Quijote debía de ser algo tonto. Don Quijote le pidió que contase su vida.

—Yo, señor, soy un hidalgo bastante rico y mi nombre es don Diego de Miranda. Paso la vida con mi mujer, mis hijos

[16] **gabán:** abrigo, prenda de ropa amplia que se pone sobre otra ropa.

y mis amigos. Me gusta la caza y la pesca, leer libros que den placer con el lenguaje y sorprendan con la invención, y muchas veces convido a comer a los amigos. No me gusta hablar mal de nadie ni meterme en las vidas de los demás. Oigo misa cada día y reparto mis bienes con los pobres.

Muy atento estuvo Sancho a esta narración y le pareció que aquel hidalgo era un santo. Don Quijote le preguntó que cuántos hijos tenía.

—Yo tengo un hijo de dieciocho años que me preocupa, y no porque él sea malo, sino porque no es tan bueno como yo quisiera. Ha estudiado lenguas en Salamanca, pero cuando quise que empezara a estudiar leyes, se negó porque le encanta la poesía.

—Los hijos, señor —respondió don Quijote—, se han de querer, ya sean buenos o malos. Los padres deben encaminarlos desde pequeños por los pasos de las buenas costumbres, pero no veo acertado forzarles a que estudien tal o cual cosa. La poesía, a mi parecer, es tan hermosa como una doncella y todas las demás ciencias han de servir para embellecerla. Por eso, el que hace bellas poesías será famoso en todo el mundo. Mi consejo, señor hidalgo, es que deje caminar a su hijo por donde su estrella le guía, pues siendo él tan buen estudiante, sabrá hacer bellas poesías.

Admirado quedó el del Verde Gabán del razonamiento de don Quijote, tanto que dejó de pensar que era un tonto.

Capítulo VIII

La aventura de los leones

Caminaban don Quijote, Sancho y el Caballero del Verde Gabán, cuando don Quijote dijo:

—O yo sé poco de aventuras o allí descubro una.

El del Verde Gabán miró por todas partes y sólo vio un carro que venía hacia ellos con dos o tres banderas pequeñas, porque que el carro traía cosas del rey. Así se lo dijo a don Quijote, pero él no le creyó, pensando siempre en aventuras.

—Sé por experiencia que tengo enemigos visibles e invisibles, y no sé cuándo ni dónde, ni en qué figura me van a atacar.

Llegó el carro de las banderas y don Quijote dijo:

—¿Qué carro es este, qué lleváis en él y qué banderas son esas?

—El carro es mío —respondió el carretero—; lo que va en él son dos fieros leones enjaulados para su majestad, y las banderas son del rey, en señal de que aquí van cosas suyas.

—¿Son grandes los leones? —preguntó don Quijote.

—Tan grandes que no los he visto mayores, yo soy el leonero —respondió el hombre que los cuidaba—. Son hembra y macho, cada uno en una jaula; ahora van hambrientos, así que apártese que es necesario llegar pronto para darles de comer.

—¿Leoncitos a mí? —dijo don Quijote—. ¡Pues vais a ver si soy hombre que se espanta* de leones! Bajad del carro, leonero, abrid las jaulas y echad fuera esas fieras, que les haré saber quién es don Quijote de la Mancha.

—Señor —dijo Sancho al del Verde Gabán—, haga que mi amo no luche con estos leones o nos harán pedazos* a todos.

—¿Tan loco es vuestro amo? —respondió el hidalgo.

—No es loco —respondió Sancho—, sino atrevido.

—Señor —dijo el del Verde Gabán a don Quijote—, los

caballeros andantes deben hacer frente a las aventuras que pueden acabar bien y esta aventura tiene más de locura que de valentía. Más aún que estos leones no vienen a atacarle.

Pero don Quijote se volvió al leonero y le dijo:

—¡Si no abrís las jaulas, os atravesaré con esta lanza!

—Sean todos testigos —dijo el leonero— de que abro las jaulas contra mi voluntad. Pónganse a salvo*.

Sancho, con lágrimas en los ojos, suplicó a don Quijote:

—Mire, señor, que aquí no hay encantamiento, pues yo he visto que son leones de verdad.

—El miedo te hace ver así —respondió don Quijote—. Déjame, Sancho, y si muero aquí, ya sabes: acudirás a Dulcinea.

Todos se alejaron menos el leonero. Don Quijote decidió pelear a pie, temiendo que Rocinante se espantase de los leones, y cuando el leonero vio que ya estaba preparado, abrió de par en par* la jaula del león. Este, que estaba tumbado, se levantó, abrió la boca y bostezó* muy despacio; después sacó la cabeza fuera de la jaula y miró a todas partes. Finalmente, volvió la espalda y se tumbó otra vez en la jaula. Don Quijote mandó al leonero que le echase fuera con un palo.

—Eso no —respondió el leonero—, porque yo seré el primero a quien hará pedazos. Vuestra merced ya ha mostrado su valentía. El luchador valiente sólo está obligado a pedir a su enemigo que pelee, y si no acude, el otro gana el triunfo.

—Así es —respondió don Quijote—; cierra la puerta y di a los demás lo que has visto, para que conozcan esta hazaña.

Don Quijote llamó e hizo venir a todos los que se habían alejado y el leonero contó la pelea exagerando el valor de don Quijote y diciendo que el león se acobardó al verle y no se atrevió a salir. Después prometió contar aquella hazaña al rey.

—Si su majestad pregunta quién la hizo —dijo don Quijote—, le diréis que el Caballero de los Leones, que así me llamaré desde ahora.

IX Capítulo

Las bodas de Camacho

En todo este tiempo no había hablado palabra el Caballero del Verde Gabán, pues estaba atento a mirar y escuchar a don Quijote para saber si era loco o no; porque lo que hablaba era elegante y bien dicho, y lo que hacía era disparatado.

Siguieron el viaje don Quijote, Sancho y el del Verde Gabán, y este ofreció su casa a don Quijote para descansar. Cuatro días estuvieron allí, y finalmente don Quijote se despidió agradeciéndole el buen trato recibido.

Poco después se encontraron con dos estudiantes y uno de ellos dijo a don Quijote:

—Si vuestra merced no lleva camino fijo, véngase con nosotros y verá una de las mejores bodas que se hayan celebrado en la Mancha.

Preguntó don Quijote si eran de algún príncipe.

—No, son las bodas de un labrador y una labradora; él, el más rico de esta tierra; y ella, la más hermosa —respondió el estudiante—. Se celebran en un prado cerca del pueblo de la novia, a quien llaman Quiteria la hermosa, y el novio es Camacho el rico.

Contaron también que un muchacho de la edad de Quiteria, llamado Basilio, se había enamorado de ella cuando eran niños y ella también le quería; todos en el pueblo conocían sus amores y se alegraban, pues Basilio era un hábil muchacho, que corría veloz y sabía cantar y tocar. Pero el padre de Quiteria no quería casarla con Basilio por ser pobre y ordenó su boda con el rico Camacho.

No quiso don Quijote entrar en el pueblo, aunque se lo pidieron los estudiantes, por ser costumbre de caballeros andantes dormir por los campos. Así que se desviaron un poco del camino para pasar la noche.

A la mañana siguiente, se despertó don Quijote y llamó a su escudero Sancho, que todavía roncaba. Despertó, por fin, y mirando a todas partes dijo:

—De esas ramas sale un olor a carne asada; bodas que comienzan por estos olores deben de ser abundantes y ricas.

—Sí, glotón* —dijo don Quijote—, iremos a ver estas bodas, por ver lo que hace el pobre Basilio.

Subió cada uno al caballo y al asno y empezaron a caminar. Lo primero que vio Sancho fue un novillo* en un asador. En el fuego había seis ollas llenas de carne y, colgando de los árboles, gran cantidad de liebres y gallinas para ser echadas en otras ollas. Sancho contó más de sesenta cueros de vino y muchos quesos y pan blanquísimo. Era todo tan abundante que se podía alimentar a un ejército. Todo lo miraba Sancho y todo le gustaba, así que pidió a un cocinero que le dejase mojar un trozo de pan en una olla. El cocinero le respondió:

—Hermano, en este día nadie debe pasar hambre, gracias al rico Camacho. Tomad una gallina o dos y buen provecho.

Mientras tanto, don Quijote miraba a los labradores que llegaban, todos vestidos de fiesta, y gritaban:

—¡Vivan Camacho y Quiteria, él tan rico como ella hermosa, y ella la más hermosa del mundo!

Oyendo esto, don Quijote pensó que no debían de haber visto a su Dulcinea del Toboso.

Llegaron entonces los novios entre gritos de alegría de la gente. Y cuando iba a celebrarse la ceremonia, apareció Basilio gritando:

—Bien sabes, Quiteria, que por nuestro amor no puedes casarte con otro; pero me quitaré de en medio para no estorbarte. ¡Viva el rico Camacho y muera el pobre Basilio!

Y diciendo esto se clavó un cuchillo. Acudieron sus amigos a ayudarle y don Quijote le tomó en sus brazos y vio que aún no había muerto. El cura quiso confesarle, pero Basilio dijo que no se confesaría si primero no aceptaba Quiteria ser su esposa. Don Quijote afirmó que era justo lo que pedía el herido y que el señor Camacho no perdería nada recibiendo por esposa a la viuda del valeroso Basilio. Fueron tantos los amigos de Basilio que pidieron a Quiteria que aceptase casarse con él, que esta se acercó a Basilio y tomó su mano. Basilio la miró fijamente y le pidió que le diese su mano de verdad, sin sentirse forzada a hacerlo.

—Ninguna fuerza me obliga —dijo Quiteria— y yo mi mano de esposa te doy libremente.

—Y yo me entrego por tu esposo —respondió Basilio.

—Mucho habla este mozo para estar tan herido —dijo Sancho.

Y con sus manos unidas, el cura los casó. En ese momento Basilio se levantó y se sacó el falso cuchillo. Quedaron todos admirados. El cura, Camacho y los invitados se sintieron burlados. La novia no dio muestras de molestarle la burla y reafirmó su casamiento. Los amigos de uno y otro novio sacaron sus espadas, pero don Quijote se adelantó a caballo, con la lanza en la mano, y dijo a grandes voces:

—Quietos, señores; que no hay que tomar venganza de las ofensas que el amor nos hace. Quiteria era de Basilio y Basilio de Quiteria porque así lo quisieron los cielos, y el que intente separarlos tendrá que pasar por la punta de esta lanza.

Todos se fueron tranquilizando y continuó la fiesta. Pero ni Basilio ni Quiteria quisieron seguir allí y se llevaron a don Quijote a su aldea, agradecidos por su valor. Sólo Sancho se entristeció porque ya no podía disfrutar de la espléndida comida y fiestas de Camacho, que duraron hasta la noche.

Capítulo X

La aventura de la cueva* de Montesinos

Después de pasar tres días con los novios, don Quijote pidió a Basilio que le diese un guía para ir a la cueva de Montesinos, porque deseaba entrar en ella y ver si eran verdaderas las maravillas que de ella se decían.

Basilio le ofreció como guía a un primo suyo estudiante que le llevaría a la cueva y le enseñaría cerca de allí las lagunas de Ruidera[17], famosas en toda la Mancha.

Se pusieron en camino, y en una aldea cercana compraron bastantes metros de cuerda* para bajar a la cueva. Otro día, a las dos de la tarde, llegaron a la cueva. El primo y Sancho ataron con la cuerda a don Quijote y luego este pidió ayuda a Dios y a su señora Dulcinea en aquella aventura.

La entrada era ancha, pero estaba llena de ramas. Don Quijote las cortó con la espada y entonces salieron de la cueva muchísimos cuervos* que en ella habitaban. Después se dejó caer al fondo de la cueva y desde dentro gritaba a Sancho y el primo que le diesen cuerda poco a poco. Cuando sus voces dejaron de oírse, ya se había acabado la cuerda, así que decidieron subir a don Quijote. Tiraron de la cuerda y al ver que no pesaba nada pensaron que don Quijote se quedaba dentro. Sancho lloraba mientras tiraba con prisa y, al poco rato, sintieron peso y vieron a don Quijote.

—Sea vuestra merced bienvenido —le dijo Sancho—, que ya pensábamos que se quedaba allá para siempre.

Pero don Quijote no respondía palabra. Vieron que tenía los ojos cerrados, como de estar dormido. Le pusieron en el

[17] **lagunas de Ruidera:** lagos pequeños donde nace el río Guadiana.

suelo y le desataron, pero no despertaba. Tanto le movieron que al fin volvió en sí como si despertase de un profundo sueño.

—Dios os perdone, amigos, pues me habéis sacado de la más agradable vista que ningún hombre ha tenido —dijo.

Y don Quijote les contó lo que había visto en la cueva de Montesinos:

—Al poco de entrar en la cueva vi un hueco y me senté a descansar. Me entró un profundo sueño y cuando desperté estaba en un hermoso prado. Me toqué los ojos y vi que no dormía, sino que estaba despierto. Vi entonces un lujoso palacio de cristal. De él salió un anciano con una larga capa, una gorra negra y una barba cana que le llegaba a la cintura. Vino a mí, me abrazó y dijo: "Hace mucho tiempo, valeroso caballero don Quijote de la Mancha, que los que estamos aquí encantados[18] os esperamos para que deis a conocer al mundo lo que se encierra en la cueva de Montesinos. Yo soy Montesinos, el guarda de la cueva. Ven conmigo, que te quiero mostrar las maravillas de este palacio". Y me enseñó un sepulcro* donde se hallaba tumbado un caballero. "Este es mi amigo Durandarte[19]", me dijo, "flor y espejo de los caballeros enamorados y valientes. Merlín[20] le tiene aquí encantado, como a mí". Montesinos se arrodilló ante Durandarte y le dijo: "Sabed que tenéis aquí a aquel gran caballero de quien tanto habló el sabio Merlín: don Quijote de la Mancha, que ha dado vida a la ya olvidada caballería andante. Con su ayuda quizá podamos ser desencantados, pues las grandes hazañas están reservadas para los grandes hombres".

Oímos entonces grandes llantos; volví la cabeza y vi pasar a unas hermosísimas damas, vestidas de luto*, que acompañaban a una señora, también vestida de negro. Tenía la boca

---

[18] **encantado:** aquí, que está bajo el efecto de la magia.

[19] **Durandarte:** caballero de las leyendas de Carlomagno.

[20] **Merlín:** sabio y famoso mago de las leyendas del rey Arturo.

grande, la nariz algo chata y las cejas juntas. Montesinos me dijo que era Belerma, la señora de Durandarte, y que si me había parecido algo fea era por las ojeras* que tenía de tanto dolor por la muerte de su amante, pues si no fuera así, podría igualarse con la hermosa Dulcinea del Toboso, y ahí protesté por tan odiosa comparación.

—Me sorprende —dijo el primo— que en tan poco tiempo como ha estado allí, vuestra merced haya visto tantas cosas.

—¿Cuánto hace que bajé? —preguntó don Quijote.

—Poco más de una hora —respondió Sancho.

—Eso no puede ser —dijo don Quijote—, porque allá anocheció y amaneció, y volvió a anochecer y a amanecer tres veces; así que he estado tres días.

—Será cosa de encantamiento —dijo Sancho—, porque yo creo que aquel Merlín o aquellos encantadores que vuestra merced dice le han metido en la cabeza todo esto que ha contado.

—Todo eso podría ser, pero no es así —dijo don Quijote—, porque lo que he contado lo vi con mis propios ojos. Pero ¿qué dirás si te digo que Montesinos me mostró tres labradoras que iban saltando por el campo y que una era la hermosa Dulcinea del Toboso? Pregunté a Montesinos si las conocía y respondió que no, pero que imaginaba que serían unas señoras importantes que también estaban encantadas.

Cuando Sancho Panza oyó decir esto a su amo, pensó que su señor estaba realmente loco.

Capítulo XI

La aventura del barco encantado

Siguieron todos caminando y poco antes de anochecer llegaron a una venta. Sancho se alegró al ver que su señor la juzgó por verdadera venta y no por castillo, como solía hacer. A la mañana siguiente, el primo se despidió de ellos para volver a su tierra. Don Quijote decidió ver primero el río Ebro[21], antes de entrar en la ciudad de Zaragoza, pues le daba tiempo hasta que empezasen los torneos.

Cuando vio el río, a don Quijote le gustó contemplar la claridad y abundancia de sus aguas. Vio entonces un pequeño barco sin remos* que estaba atado en la orilla a un árbol. Miró don Quijote a todas partes y no vio a nadie. Se bajó de Rocinante y mandó a Sancho que bajase y atase a los animales.

—Has de saber, Sancho —dijo don Quijote—, que este barco me está invitando a que entre en él y vaya a ayudar a algún caballero o persona en peligro, porque en los libros de caballerías los encantadores dejan un barco para ir en su ayuda.

—Debo obedecer a mi amo —respondió Sancho—, pero a mí me parece que este barco no es de encantadores, sino de algunos pescadores de este río.

Dando un salto, don Quijote embarcó*; Sancho le siguió, cortó la cuerda con que estaba atado y el barco se fue apartando poco a poco de la orilla. Sancho comenzó a llorar de pena por abandonar a los animales y don Quijote le dijo:

—¿Qué temes, cobarde criatura? ¿No ves que vas sentado como un gran señor por este río, de donde pronto saldremos al mar? Aunque quizá ya hemos salido.

---

[21] **río Ebro:** es el río con más agua de España y atraviesa la región de Aragón.

—Yo no creo nada de eso —dijo Sancho—, pues veo con mis ojos que no nos hemos apartado de la orilla ni cinco metros, y allí están Rocinante y el asno donde los dejamos.

En esto, descubrieron unos grandes molinos de agua que estaban en la mitad del río.

—¿Ves? —dijo don Quijote—. Allí se ve la ciudad o castillo donde debe de estar encerrado algún caballero o princesa.

—¿Qué diablos de ciudad o castillo dice, señor? —dijo Sancho—. ¿No ve que son molinos de trigo que están en el río?

—Calla, Sancho —dijo don Quijote—, que aunque parecen molinos no lo son, que ya te he dicho que los encantamientos transforman todas las cosas.

En esto, el barco comenzó a ir más deprisa por la corriente del río. Los molineros, al ver que el barco se iba a meter entre las ruedas del molino, salieron con largos palos para detenerlo. Como iban con las caras y las ropas cubiertas de harina y les gritaban, don Quijote dijo a Sancho:

—Mira cuántos monstruos vienen hacia mí. ¡Ahora veréis! —y sacando la espada les amenazó—: Malvados, dejad en libertad a la persona que tenéis encerrada en ese castillo, que yo soy don Quijote de la Mancha, llamado el Caballero de los Leones.

Los molineros no entendían aquellas tonterías e intentaron parar el barco con sus palos, pero don Quijote y Sancho se cayeron al agua con el movimiento. El peso de las armas llevó al fondo a don Quijote, y los molineros se arrojaron al agua y los sacaron a los dos. Llegaron entonces los pescadores dueños del barco y, al verlo destrozado, pidieron a don Quijote que se lo pagase.

—En esta aventura debe de haber dos encantadores, y uno impide, echándome al agua, lo que el otro intenta al darme el barco —dijo para sí don Quijote—. Yo no puedo más. Para otro caballero debe de estar reservada esta aventura.

Y pagó a los pescadores cincuenta monedas, que las dio Sancho de mala gana.

XII Capítulo

La aventura con los duques*

Don Quijote y Sancho volvieron a por sus animales y se alejaron del río. Otro día al atardecer, don Quijote vio venir gente y supo que eran cazadores*. Entre ellos vio a una bella y rica señora, vestida de verde sobre un caballo blanco.

—Corre, Sancho—dijo don Quijote—, y di a aquella señora que yo, el Caballero de los Leones, beso las manos a su hermosura y que, si me da permiso, iré a servirla.

Fue Sancho y se puso ante la bella cazadora de rodillas:

—Hermosa señora, aquel caballero, llamado el Caballero de los Leones, es mi amo y yo soy su escudero, Sancho Panza. Este tal Caballero de los Leones, que antes se llamaba el de la Triste Figura, me envía a decir a vuestra grandeza que le dé permiso para que venga a servir a vuestra alta hermosura.

—Levantaos del suelo —respondió la señora—, que no es justo que esté de rodillas el escudero de tan gran caballero como es el de la Triste Figura, cuya fama ya se conoce por aquí. Levantaos y decid a vuestro señor que venga a alojarse a una casa que aquí tenemos mi marido el duque y yo; pues vuestro señor ¿no es uno de quien hay impresa una historia que se llama *El ingenioso hidalgo don Quijote de la Mancha*?

—El mismo es, señora —respondió Sancho—, y el escudero suyo que aparece en esa historia soy yo.

—De todo eso me alegro mucho —dijo la duquesa—; id y decid a vuestro señor que sea bienvenido a mis tierras.

Mientras Sancho volvía a donde su amo, los duques, que habían leído la primera parte de esta historia y conocían los disparates de don Quijote, decidieron seguirle el humor y tratarle como a caballero andante, según ellos habían leído en los libros de caballerías.

Llegó don Quijote con Sancho y el duque le dijo:

—Venga el señor Caballero de los Leones a un castillo mío que está aquí cerca, donde se le hará el recibimiento que se debe a tan alta persona, el que yo y la duquesa solemos hacer a todos los caballeros andantes que llegan a él.

Y todos se dirigieron al castillo. Pero el duque llegó antes y dio orden a todos sus criados de cómo habían de tratar a don Quijote. Cuando este entró en el castillo, dos hermosas doncellas le echaron un gran manto* rojo sobre los hombros y todos los criados dijeron a grandes voces:

—¡Bienvenido sea la flor y nata[22] de los caballeros andantes!

Don Quijote se admiró de este trato y creyó ser un verdadero caballero andante, y no fantástico.

Llevaron a don Quijote a una sala, donde seis doncellas le quitaron las armas y le ayudaron a vestirse. Cubierto con el manto rojo y un sombrero verde, don Quijote fue llevado a otra sala para comer, donde le recibieron el duque y la duquesa, y con ellos un eclesiástico[23] de esos que gobiernan las casas de los príncipes; de esos que, como no nacen príncipes, no saben enseñar cómo serlo.

Se sentaron a la mesa y la duquesa preguntó a don Quijote qué noticias tenía de la señora Dulcinea y si le había enviado como regalo algunos de los gigantes vencidos.

—Sí le he enviado gigantes, señora mía —dijo don Quijote—, pero ¿dónde la van a hallar si está encantada y convertida en una fea labradora?

El eclesiástico, que oyó hablar de gigantes y encantos, se dio cuenta de que aquel debía de ser don Quijote de la Mancha, cuya historia leía el duque con afición, y él le había rega-

---

[22] **la flor y nata:** expresión, aún en uso, que indica lo mejor de algo.

[23] **eclesiástico:** cura, sacerdote, persona de la iglesia.

ñado muchas veces por leer tales disparates. Y llamándole tonto a don Quijote le dijo además:

—¿Quién os ha metido en la cabeza que sois caballero andante y que vencéis gigantes? Volveos a vuestra casa y dejad de andar por el mundo haciendo reír a cuantos os conocen.

Don Quijote escuchó al eclesiástico y dijo muy enfadado:

—De vos debía esperar buenos consejos y no insultos. No está bien llamar tonto a alguien a quien no se conoce. Pues, dígame vuestra merced, ¿por cuál de las tonterías que ha visto en mí me insulta y me manda a mi casa? ¿Cree que es tiempo malgastado el que se emplea en ir por el mundo reparando injusticias y ofensas? Mis intenciones son hacer bien a todos y mal a ninguno. Si el que esto hace merece ser llamado tonto, díganlo vuestras grandezas, los duques.

—¡Bien dicho!, mi amo —dijo Sancho.

—¿Por casualidad —dijo el eclesiástico— sois vos aquel Sancho Panza a quien vuestro amo tiene prometida una ínsula?

—Sí, soy yo —respondió Sancho—, y bien la merezco, pues soy de "Júntate a los buenos, y serás uno de ellos" y de "Quien a buen árbol se arrima, buena sombra le cobija"[24], y yo me he juntado con un buen señor y he de ser como él.

—Así es, Sancho —dijo el duque—, pues yo, en nombre de don Quijote, os doy el gobierno de una ínsula que tengo.

—¡Cómo no van a ser ellos locos, si los cuerdos* aprueban sus locuras! —dijo el eclesiástico y se marchó enfadado.

Finalmente la comida se acabó y llegaron cuatro doncellas con agua, jabón y toallas, y en vez de lavar las manos de don Quijote, le enjabonaron la barba y la cara. Todos le miraban y tenían que disimular la risa. Y para que don Quijote no viese la burla, el duque pidió que le lavasen a él también.

---

[24] Refranes que aconsejan buscar buenas compañías.

Capítulo XIII

La aventura para desencantar a Dulcinea

Después de la comida, don Quijote se fue a dormir la siesta. La duquesa, que se moría de risa oyendo hablar a Sancho, y le parecía más gracioso y más loco que su amo, pidió a Sancho que pasase la tarde con ella.

—Ahora que estamos solos —dijo la duquesa—, querría yo que me resolviese unas dudas que tengo sobre la historia impresa de don Quijote. Y es que, pues Sancho nunca vio a Dulcinea ni le llevó la carta de su señor, ¿cómo se atrevió a fingir la respuesta de que estaba limpiando trigo siendo mentira?

Sancho comprobó que no había nadie y dijo:

—Ahora que he visto que no nos escucha nadie, le diré que yo tengo a mi señor por loco y tonto, y por eso me atrevo a hacerle creer lo que no tiene pies ni cabeza*, como fue la respuesta de la carta y lo de hace seis días, que aún no está escrito en la historia, y es lo del encanto de Dulcinea, que no es verdad.

La duquesa le pidió que le contase aquel encantamiento o burla, y cuando Sancho terminó de contarlo, ella dijo:

—Si don Quijote es un loco y tonto y su escudero lo sabe y le sirve y le sigue, sin duda alguna debe de ser él más tonto y loco que su amo, y no sabrá gobernar una ínsula.

—Esta fue mi suerte; tengo que seguirle; he comido su pan, le quiero bien, es agradecido y, sobre todo, yo soy fiel. Y si vuestra señoría no me quiere dar la ínsula por tonto, menos me dio Dios y no es oro todo lo que reluce[25] —dijo Sancho.

—El duque es un caballero y cumplirá su palabra* de la prometida ínsula —dijo ella—. Yo sólo pido que gobierne bien.

[25] Refrán que aconseja no fiarse de las apariencias, del lujo y las riquezas.

—Eso no hay que pedírmelo —respondió Sancho—, porque yo soy caritativo* y también perro viejo*, y todo es comenzar.

—Vos tenéis razón, Sancho —dijo la duquesa—, que nadie nace enseñado. Pero volviendo a la conversación que teníamos, yo creo que aquella imaginación de Sancho de hacer creer que la labradora sobre el asno era Dulcinea, fue invención de algún encantador que persigue a don Quijote, y que el buen Sancho, pensando ser el engañador, es el engañado.

—Bien puede ser —dijo Sancho— y entonces sería verdad lo que dijo mi amo de que vio a la señora Dulcinea encantada con figura de labradora en la cueva de Montesinos.

La duquesa se admiraba de que Sancho terminase creyendo su propia mentira, y contó luego al duque lo sucedido.

Mucho disfrutaban los duques con don Quijote y Sancho, y decidieron hacerles una burla que fuese famosa y viniese bien con el estilo caballeresco. Los llevaron de caza al monte y, al anochecer, se oyeron muchas trompetas* y gran ruido de carros como si pasase un ejército de caballería. En un carro con muchas luces venía una figura vestida de negro que dijo:

—Yo soy Merlín, y hasta mí llegó la voz dolida de la bella Dulcinea del Toboso y supe su encantamiento y su desgracia. Aquí vengo a dar el remedio a su dolor. ¡Oh, valiente don Quijote!, para que Dulcinea recupere su figura es necesario que Sancho, tu escudero, se dé tres mil trescientos azotes.

—Ni tres mil azotes ni tres me daré —dijo Sancho—. Si el señor Merlín no conoce otra manera de desencantar a la señora Dulcinea, encantada se irá a la sepultura.

—Yo os ataré a un árbol y os los daré—dijo don Quijote.

—No ha de ser así —dijo Merlín—, porque los azotes que ha de recibir Sancho han de ser por su voluntad.

—Amigo Sancho —dijo el duque—, o aceptáis los azotes o no seréis gobernador de mi ínsula. No puedo enviar a un gobernador cruel que no hace caso de los ruegos de los sabios.

Y Sancho aceptó con la condición de dárselos cuando quisiera.

Capítulo XIV

La aventura de Clavileño

Otro día, estaban en el jardín cuando se oyó un tambor* y vieron entrar a dos hombres vestidos de luto tocando dos grandes tambores, que acompañaban a la condesa* Trifaldi y a su escudero, junto con las criadas. La condesa iba vestida de negro con una larga falda acabada en tres puntas, por lo cual todos pensaron que a eso se debía el nombre de Trifaldi.

Venía en busca de don Quijote desde el reino de Candaya para que la ayudase a desencantar a la hija de la reina Maguncia y a su caballero enamorado. Contó la condesa que ella había facilitado sus amores y hubo que casarlos por quedar embarazada la doncella. Del disgusto murió la reina, y su primo, el gigante Malambruno, quiso vengarse y convirtió a los enamorados en estatuas y a la condesa y sus criadas en mujeres barbudas.

La condesa y las criadas levantaron los velos que cubrían sus caras y todos se quedaron admirados de sus barbas.

—Decid, señora, qué tengo que hacer —dijo don Quijote.

—Debéis ir al reino de Candaya —respondió la condesa— a luchar contra el gigante Malambruno. Él me dijo que cuando yo encontrase al caballero libertador, él le enviaría un caballo de madera que vuela por el aire y que fue construido por el sabio Merlín. Se llama Clavileño, porque es de leño* y tiene una clavija* en la frente que le sirve para frenar*.

Llegó la noche, y con ella el famoso caballo Clavileño, traído por cuatro salvajes vestidos con ramas verdes.

—Suban y basta con mover esta clavija para que los lleve por los aires adonde el gigante. Pero para que la altura no les cause mareos, se han de cubrir los ojos hasta que el caballo relinche, que será señal de haber finalizado el viaje.

Sancho no quería subir de puro miedo, pero el duque le aseguró el gobierno de su ínsula cuando volviese. Subieron sobre Clavileño, les taparon los ojos y cuando don Quijote movió la clavija, todos empezaron a gritar "¡Ya, ya vais por los aires!". Pero ellos sólo notaban un fuerte viento y mucho calor, y es que los criados les soplaban aire y les acercaban fuego.

—Que me maten si no estamos ya en la región del fuego, porque una parte de mi barba se me ha quemado —dijo Sancho.

—Debemos de haber caminado mucho —dijo don Quijote.

Todo esto oían los duques y la gente del jardín y se divertían mucho. Y para poner fin a la extraña aventura, quemaron la cola de Clavileño y, por estar el caballo lleno de cohetes*, voló por los aires y tiró al suelo a don Quijote y Sancho.

Cuando se levantaron, ya habían desaparecido las mujeres de las barbas y la Trifaldi. Don Quijote y Sancho se sorprendieron y más cuando vieron un papel en el cual estaba escrito:

"El famoso caballero don Quijote de la Mancha acabó la aventura de la condesa Trifaldi con sólo intentarla. Malambruno queda satisfecho y hace desaparecer las barbas".

La duquesa preguntó a Sancho cómo le había ido y él dijo:

—Yo sentí que íbamos por la región del fuego y me destapé algo los ojos y vi toda la tierra muy pequeñita; me vi tan cerca del cielo que me bajé de Clavileño y me entretuve con las estrellas.

—La tierra entera no pudisteis ver —dijo la duquesa.

—Sólo sé —dijo Sancho— que como volábamos por encantamiento, también por encantamiento podía ver toda la tierra.

—Como estas cosas están fuera de lo natural, no es raro que Sancho diga lo que dice —dijo don Quijote—. Yo sentí que pasaba por la región del aire y la del fuego, pero no puedo creer que llegásemos al cielo sin quemarnos, así que Sancho miente o sueña.

—Ni miento ni sueño —respondió Sancho.

—Sancho —le dijo al oído don Quijote—, si vos queréis que yo crea lo que habéis visto en el cielo, yo quiero que vos creáis lo que yo vi en la cueva de Montesinos. Y no digo más.

XV Capítulo

Los consejos de don Quijote a Sancho para gobernar la ínsula

Con la graciosa aventura de Clavileño quedaron tan contentos los duques, que decidieron seguir con las burlas. Dieron órdenes a sus criados de cómo debían comportarse con Sancho en el gobierno de la ínsula prometida, y el duque dijo a Sancho que se preparase para ser gobernador.

—Venga esa ínsula —dijo Sancho—, que yo lucharé por ser el mejor gobernador, y no por ambición*, sino por el deseo de probar a qué sabe ser gobernador. Yo imagino que es bueno mandar, aunque sea a un rebaño de animales.

Don Quijote llevó a Sancho a su cuarto para aconsejarle:

—Doy infinitas gracias al cielo por tu buena suerte. Otros piden, ruegan y no alcanzan lo que quieren; y llega otro, y sin saber cómo, recibe el cargo* de gobernador. Tú, sin hacer nada, con sólo estar junto a un caballero andante, te ves gobernador de una ínsula. Y como los grandes cargos tienen su dificultad, quiero aconsejarte. Primero has de temer a Dios; porque en temerle está la sabiduría, y siendo sabio no podrás equivocarte. Lo segundo, has de ver quién eres, procurando conocerte a ti mismo, que es el más difícil conocimiento que puede imaginarse. Guíate por la prudencia. Sé humilde y no niegues que vienes de labradores; porque viendo los otros que no te avergüenzas, no intentarán avergonzarte. Mira, Sancho, que la sangre se hereda y la virtud se conquista, y la virtud vale por sí sola lo que la sangre no vale. Siente más compasión con las lágrimas del pobre que con las informaciones del rico. Procura descubrir la verdad entre las promesas del rico y los lloros del pobre. No seas duro al hacer justicia, sino compasivo. Al que has de castigar, no le trates mal con palabras. Si sigues estos consejos, Sancho, tu fama será eterna, tu felicidad inmensa y vivirás en paz con tu gente.

Sancho le escuchaba muy atento y procuraba guardar en la memoria sus consejos.

—En lo que se refiere a cómo has de gobernar tu persona —dijo don Quijote—, lo primero que te encargo es que seas limpio y que te cortes las uñas. No comas ajos ni cebollas, para que no descubran por el olor tu procedencia. Anda despacio; habla con calma, pero no de manera que parezca que te escuchas a ti mismo. Come poco y cena más poco, que la salud de todo el cuerpo depende del estómago. No bebas mucho, pues demasiado vino ni guarda secreto ni cumple palabra. No comas con toda la boca llena, ni eructes delante de nadie.

—Eso de eructar no lo entiendo —dijo Sancho.

—Eructar significa echar los gases del estómago por la boca.

—Este es uno de los consejos que pienso llevar en la memoria, porque suelo eructar muy a menudo —dijo Sancho.

—Tampoco has de mezclar en tus conversaciones la cantidad de refranes que sueles meter —dijo don Quijote.

—A partir de ahora —dijo Sancho—, sólo diré los que convengan a la seriedad de mi cargo; porque en casa llena, pronto se guisa la cena y más vale algo que nada.

—Te estoy diciendo que no uses refranes —dijo don Quijote—, y en un instante has dicho unos cuantos que nada tienen que ver con lo que estamos tratando. Y dejemos esto aquí, Sancho, que si gobiernas mal tuya será la culpa y mía la vergüenza; pero al menos he hecho lo que debía al aconsejarte.

—Señor —respondió Sancho—, si a vuestra merced le parece que no valgo para este gobierno, lo dejo ya; que prefiero ir como Sancho al cielo que como gobernador al infierno.

—Sólo por esto que has dicho —dijo don Quijote— mereces ser gobernador de mil ínsulas, porque eres buena persona, y sin eso no hay ciencia que valga.

XVI Capítulo

El gobierno de la ínsula Barataria

Sancho se despidió de don Quijote y de los duques y, acompañado por un mayordomo[26] del duque, llegó a un lugar de unos mil vecinos. Le dieron a entender que se llamaba la ínsula Barataria y todo el pueblo salió a recibirle con alegría y toque de campanas.

Con algunas ceremonias le entregaron las llaves del pueblo y le admitieron por gobernador de la ínsula Barataria. El traje, las barbas, la gordura y pequeñez del nuevo gobernador tenían admirada a toda la gente. Finalmente, le llevaron al juzgado* y el mayordomo del duque le dijo:

—Es costumbre antigua en esta ínsula que el que viene a tomar posesión ha de responder a una pregunta que sea algo dificultosa, y por la respuesta el pueblo conoce el ingenio de su nuevo gobernador, y así se alegra o se entristece con su venida.

En esto llegaron dos hombres ancianos; uno traía por bastón* una caña* y el otro dijo al gobernador:

—Señor, a este buen hombre le presté hace días diez monedas de oro con la condición de que me las devolviese. Se las he pedido muchas veces, y no sólo no me las devuelve, sino que dice que nunca se las presté. Querría que vuestra merced le tome juramento, y si jura que me las ha devuelto, yo se las perdono.

—¿Qué decís a esto, buen viejo del bastón? —dijo Sancho.

—Yo, señor, confieso que me las prestó, y juraré que se las he devuelto.

El viejo dio el bastón al otro para que se lo tuviese mientras juraba y, poniendo la mano sobre la cruz, hizo el jura-

[26] **mayordomo:** criado principal de una casa.

mento. El otro hombre aceptó su palabra, porque le tenía por un hombre de bien. Volvió a tomar su bastón el que había jurado y salió del juzgado. Sancho estuvo pensativo un rato, y luego mandó que llamasen al viejo del bastón.

—Dadme, buen hombre, ese bastón —dijo Sancho.

—De muy buena gana —respondió el viejo.

Sancho lo tomó y dándoselo al otro viejo le dijo:

—Andad con Dios, que ya vais pagado.

—¿Vale esta caña diez monedas de oro? —dijo el viejo.

—Sí —dijo el gobernador—, y ahora se verá si yo valgo para gobernar todo un reino.

Y mandó romper la caña, y dentro de ella encontraron diez monedas de oro. Todos quedaron admirados y tuvieron a su gobernador por un nuevo Salomón.

Desde el juzgado llevaron a Sancho a un lujoso palacio, y en una gran sala estaba preparada una mesa llena de comida. Sancho se sentó y un criado le ofreció un plato de fruta. Nada más comer un bocado, el médico que había de pie al lado de Sancho señaló el plato y se lo quitaron rápidamente.

—Yo, señor, soy médico —dijo él— y miro por la salud del gobernador mucho más que por la mía. Lo principal que hago es dejarle comer de lo que me parece sano.

—Entonces, aquel plato de perdices asadas no me hará ningún daño —dijo Sancho.

—Comer mucho de algo es malo, pero de perdices es malísimo, así que no las comerá —dijo el médico.

—Vea cuál de los platos me hará menos daño y déjeme comer de eso, porque me muero de hambre —dijo Sancho.

—Es mi opinión que vuestra merced no debe comer de aquellos conejos guisados ni de esa ternera asada.

—¡Pues quítese de mi vista! —dijo Sancho enfadado—. Y denme de comer o tomen su gobierno, que trabajo que no da de comer, no vale nada.

XVII Capítulo

El fin del gobierno de Sancho

Siete días llevaba Sancho en el gobierno de su ínsula, harto ya de juzgar y dar su opinión, cuando una noche oyó un gran ruido de campanas y voces. Su temor creció cuando oyó trompetas y tambores. Salió de su cuarto y vio venir a más de veinte personas con espadas en las manos, gritando:

—¡Alarma, alarma, señor gobernador!, que han entrado infinitos enemigos en la ínsula, y estamos perdidos si vuestro valor no nos socorre*. ¡Tome las armas, vuestra señoría!

—¿Qué sé yo de armas ni de socorros? —dijo Sancho—. Estas cosas será mejor dejarlas para mi amo don Quijote.

—Aquí le traemos armas, sea nuestro capitán —dijo otro.

Al momento, le pusieron un escudo delante y otro detrás y le ataron con cuerdas, de modo que no se podía mover. Le pusieron en la mano una lanza y le dijeron que, siendo él su guía, todo tendría buen fin.

—¿Cómo voy a caminar —respondió Sancho— si no puedo doblar las rodillas con esto que me habéis puesto?

—Ande, señor gobernador —dijo otro—; que es el miedo lo que le impide andar. Muévase, que es tarde.

Probó el pobre gobernador a moverse y se cayó al suelo, quedando como una tortuga encerrada en sus conchas. Aunque le vieron caído, aquellas gentes siguieron dando gritos y pasando por encima del pobre Sancho, que si no se hubiera recogido entre los escudos, lo hubiera pasado mal.

—¡Victoria, victoria! —decían las voces ahora—. ¡Los enemigos se marchan vencidos! ¡Levántese, señor gobernador!

Ayudaron a Sancho a levantarse, le quitaron la armadura y él se sentó y se desmayó*. Cuando volvió en sí, preguntó

qué hora era; le respondieron que ya amanecía. Calló, y sin decir otra cosa comenzó a vestirse en silencio, se fue a donde estaba su asno y después de darle un beso en la frente, con lágrimas en los ojos, le dijo:

—Venid aquí, compañero y amigo mío. Cuando estaba con vos y no tenía otro pensamiento que el de cuidaros, dichosos eran mis días; pero después de que os dejé, movido por la ambición, he sufrido mil desgracias.

Se subió al asno y dijo a todos:

—Apártense, señores, y déjenme ir. Dejadme volver a mi antigua libertad. Yo no nací para ser gobernador ni para defender ínsulas. Mejor entiendo de cultivar la tierra que de dar leyes y defender reinos. Digan al duque que me voy como entré, sin dinero en los bolsillos, al revés de como suelen salir otros gobernadores.

Todos se quedaron admirados de su decisión.

Capítulo XVIII

El extraordinario suceso de la venta

Sancho regresó al castillo de los duques y don Quijote pensó que ya era hora de volver a andar por los caminos, así que se despidieron de ellos. Sancho estaba contentísimo sobre su asno, porque el mayordomo del duque le había dado doscientos escudos de oro para los gastos del camino.

Cuando don Quijote se vio en el campo, libre, dijo:

—La libertad, Sancho, es una de las cosas más preciosas que dio el cielo a los hombres; con ella no pueden igualarse los tesoros que encierra la tierra.

Al atardecer llegaron a una venta y mientras cenaban oyó don Quijote que en otra mesa decían:

—Léanos, señor don Jerónimo, otro capítulo de la segunda parte de *Don Quijote de la Mancha*[27].

—¿Para qué, señor don Juan, si el que ha leído la primera parte no es posible que pueda disfrutar leyendo esta segunda?

—Lo que a mí menos me gusta —dijo don Juan— es que presenta a don Quijote desenamorado[28] de Dulcinea.

Al oír esto don Quijote, alzó la voz y dijo:

—A quienquiera que diga que don Quijote ha olvidado a Dulcinea le haré entender con las armas que no es verdad.

—Sin duda, vos sois el verdadero don Quijote de la Mancha, estrella de la andante caballería —dijo uno de ellos.

Don Quijote tomó el libro y después de hojearlo dijo:

—Esto está escrito en lengua aragonesa[29] y aquí dice que

---

[27] Es la continuación que el escritor Avellaneda hizo del primer *Quijote.*

[28] **desenamorado:** ese autor Avellaneda hizo que don Quijote se olvidase de Dulcinea y le llamó el Caballero Desenamorado.

[29] **aragonesa:** de Aragón; el texto de Avellaneda tiene expresiones de esa región.

la mujer de mi escudero se llama Mari Gutiérrez y no es así, sino Teresa Panza.

—¡Vaya historiador es ese! —dijo Sancho.

—Pues a vos —dijo don Jerónimo— os describe como un hombre comilón y nada gracioso, muy distinto del Sancho de la primera parte.

—Yo creo —dijo don Juan— que sólo su primer autor, Cide Hamete, debería tratar las cosas del gran don Quijote.

Así pasaron gran parte de la noche. Los caballeros le preguntaron por el destino de su viaje. Respondió don Quijote que iba a Zaragoza, a los torneos que solían hacerse en esa ciudad todos los años. Don Juan le dijo que eso aparecía en la historia de Avellaneda y que le faltaba invención.

—Por esta razón, no pondré los pies en Zaragoza —dijo don Quijote—; así haré ver la mentira de ese historiador moderno, y verán que yo no soy el don Quijote que él dice.

—Hará muy bien —dijo don Jerónimo—. Hay otros torneos en Barcelona[30], donde podrá el señor don Quijote mostrar su valor.

—Así lo pienso hacer —dijo don Quijote.

Con esto se despidieron, y don Quijote y Sancho se retiraron a su cuarto, dejando a don Juan y a don Jerónimo admirados y creyendo que estos eran los verdaderos don Quijote y Sancho, y no los que describía el autor aragonés.

---

[30] **Barcelona:** ciudad de Cataluña, situada al noreste en la costa del mar Mediterráneo.

Capítulo XIX

La aventura de los bandoleros[31]

Salieron de la venta por la mañana, camino de Barcelona. Seis días después, estando en un bosque, don Quijote se quejaba de que Sancho no se había dado los azotes para desencantar a Dulcinea. De repente, más de cuarenta bandoleros los rodearon y les dijeron en lengua catalana que estuviesen quietos. Su capitán, al ver a don Quijote pensativo, le dijo:

—No estéis tan triste, buen hombre, que yo no soy cruel sino compasivo. Mi nombre es Roque Guinart[32].

—No es mi tristeza por haber caído en tu poder, ¡oh, valeroso Roque! —respondió don Quijote—, sino por haberme descuidado, estando yo obligado a estar atento continuamente, según la ley de la caballería andante. Porque yo soy don Quijote de la Mancha, famoso por sus hazañas.

Roque Guinart se alegró de conocer a don Quijote y ordenó a su gente que devolviesen a Sancho lo que le habían quitado de las alforjas. Después repartió entre los bandoleros todo lo que habían robado últimamente. Lo hizo con tanta justicia, que todos quedaron contentos.

—Señor Roque, véngase conmigo —dijo don Quijote—, que yo le enseñaré a ser caballero andante, y con tantos trabajos y desgracias se ganará fácilmente el cielo.

Roque Guinart se rió del consejo de don Quijote y quiso agradecérselo escribiendo una carta a un amigo de Barcelona, para avisarle de que en cuatro días llegaría a la playa de la ciudad el famoso don Quijote de la Mancha, el hombre más gracioso y sabio del mundo.

---

[31] **bandoleros:** ladrones que robaban a los ricos en el campo.

[32] **Roque Guinart:** famoso bandolero catalán de la época de Cervantes.

XX Capítulo

La llegada a Barcelona y la aventura del Caballero de la Blanca Luna

Roque Guinart acompañó a don Quijote y Sancho hasta Barcelona y en la playa, de noche, se despidió de ellos. Al amanecer, don Quijote y Sancho vieron el mar, que nunca habían visto, y les pareció muy grande.

Llegó entonces el amigo de Roque Guinart con otros caballeros y los invitó a su casa. Don Antonio Moreno, que así se llamaba, era un caballero rico y educado y disfrutaba mucho con la graciosa conversación de sus invitados.

Una mañana salió don Quijote a pasear por la playa, armado de todas sus armas, cuando vio venir hacia él un caballero armado que en el escudo traía pintada una luna y que dijo:

—Famoso caballero don Quijote de la Mancha, yo soy el Caballero de la Blanca Luna. Vengo a luchar contigo y a probar la fuerza de tu brazo, para hacerte confesar que mi dama es, sin comparación, más hermosa que tu Dulcinea del Toboso. Si peleas y te venzo, quiero que dejes las armas y te retires a tu aldea durante un año, donde has de vivir en paz. Y si me vences, quedaré en tus manos y serán tuyos mi caballo y mis armas, y la fama de mis hazañas pasará a ser tuya.

Don Quijote se quedó asombrado y respondió:

—Caballero de la Blanca Luna, cuyas hazañas no he oído, yo os haré jurar que jamás habéis visto a la famosa Dulcinea; porque si la hubieseis visto, sabríais que no puede haber belleza que se pueda comparar. Así que acepto pelear con vos, pero no deseo que la fama de vuestras hazañas sea para mí, pues no sé qué hazañas son y con las mías me contento.

Llegó entonces a la playa don Antonio con varios caballeros, y no sabían si la batalla era de burla o de verdad ni quién era el Caballero de la Blanca Luna.

Como el caballo del de la Blanca Luna era más ligero, llegó antes y chocó con tan poderosa fuerza, que Rocinante y don Quijote cayeron al suelo. El Caballero de la Blanca Luna le puso la lanza sobre la visera del casco para hacerle confesar y dijo:

—Habéis sido vencido, caballero, y moriréis si no confesáis la superioridad de la belleza de mi dama.

Don Quijote, molido[33] del golpe, sin alzarse la visera, como si hablara dentro de una tumba, dijo con voz débil y enferma:

—Dulcinea del Toboso es la más hermosa mujer del mundo, y yo el más desdichado caballero de la tierra. Empuja la lanza y quítame la vida.

—Eso no haré yo —dijo el Caballero de la Blanca Luna—. Viva la fama de la hermosura de la señora Dulcinea del Toboso, que yo me contento con que el gran don Quijote se retire a su aldea un año.

Don Quijote lo aceptó, como caballero que era, y el de la Blanca Luna se marchó sobre su caballo a la ciudad.

Don Antonio levantó a don Quijote y vio que tenía la cara llena de sudor y sin color. Sancho, todo triste, no sabía qué decir ni qué hacer; le parecía que todo aquello era un sueño o cosa de encantamiento. Don Antonio siguió al Caballero de la Blanca Luna con el deseo de conocerle y este le dijo que era el bachiller Sansón Carrasco y que había hecho esto para curar la locura de don Quijote. Le contó que ya lo había intentado tres meses atrás llamándose el Caballero del Bosque, pero que en aquella ocasión la suerte quiso que don Quijote le venciese a él, y ahora era al revés. Le pidió que no dijese a don Quijote quién era él, para que volviese a su aldea a recuperar el sano juicio. Fue una pena para don Antonio perder así a un loco tan gracioso.

33 **molido:** muy dolorido y cansado.

XXI Capítulo

El regreso a la aldea y la muerte de don Quijote

Salieron de Barcelona, don Quijote desarmado y Sancho a pie, por ir el asno cargado con las armas. Iba don Quijote triste y pensativo, cuando se acordó de los azotes que debía darse Sancho para desencantar a Dulcinea y le ofreció pagarle. Sancho aceptó y esa noche comenzó a darse azotes junto a un árbol y don Quijote a contarlos. Pero Sancho daba en los árboles y don Quijote no lo veía, y temiendo por su vida dijo:

—No es cosa que por el gusto mío pierdas tú la vida; que espere Dulcinea mejor ocasión para terminar; basta por ahora.

Durmieron hasta la salida del sol. Siguieron caminando y a la noche siguiente acabó Sancho su tarea de azotarse. Don Quijote quedó muy contento por haber desencantado a Dulcinea.

Cuando llegaron a su aldea, vieron al cura y al bachiller, que vinieron hacia ellos con los brazos abiertos. Fueron a casa de don Quijote, y la mujer de Sancho acudió con su hija.

—¿Cómo venís así, marido mío, que me parece que más traéis aspecto de desgobernado que de gobernador? —dijo ella.

—Calla, Teresa —respondió Sancho—; vámonos a nuestra casa, que allí oirás maravillas. Traigo dineros, que es lo que importa, ganados con mi ingenio y sin hacer daño a nadie.

Don Quijote se apartó a solas con el bachiller y el cura y les contó cómo había sido vencido y que estaba obligado a no salir de su aldea en un año. Les dijo también que tenía pensado hacerse pastor cuidando ovejas. Pidió a los dos que fuesen sus compañeros y dijo cómo se había de llamar cada uno. Todos se asombraron de la nueva locura de don Quijote, pero la aceptaron para que no se fuese otra vez a sus caballerías.

Y como las cosas humanas no son eternas, especialmente las vidas de los hombres, llegó el fin de don Quijote cuando él menos lo pensaba. Porque, ya fuese por la tristeza de verse vencido o por la voluntad del cielo, estuvo seis días en la cama con fiebre. Llamaron al médico y dijo que su salud estaba en peligro. Lo oyó don Quijote y pidió que le dejasen solo porque quería dormir un poco. Cuando despertó, dijo a todos:

—¡Bendito sea Dios! Ya tengo juicio. Ya conozco los disparates que hice por leer tantos libros de caballerías. Yo me siento a punto de morir y no quisiera dejar fama de loco, pues ya no lo estoy. Alegraos de que yo ya no soy don Quijote de la Mancha, sino Alonso Quijano, llamado por mis costumbres el Bueno. Ya soy enemigo de todas las historias de caballería.

Creyeron que era una nueva locura, y el bachiller dijo:

—¿Ahora que sabemos que está desencantada Dulcinea? ¿Ahora que vamos a ser pastores? Calle y déjese de cuentos.

—Me estoy muriendo. Déjense de burlas —contestó.

El cura se quedó solo con él y cuando acabó la confesión dijo:

—Verdaderamente se muere y verdaderamente está cuerdo Alonso Quijano el Bueno.

Sancho lloraba y don Quijote hizo su testamento*:

—Es mi voluntad pagar a mi escudero Sancho lo que le debo y darle el dinero que sobre. Y si estando loco le ayudé a conseguir el gobierno de la ínsula, ahora que estoy cuerdo le daría un reino, porque su sencillez y fidelidad lo merecen. Perdóname, amigo, por haberte dado ocasión de parecer loco como yo, haciéndote caer en el error en que yo he caído.

—¡Ay! —respondió Sancho llorando—. No se muera, porque la mayor locura que puede hacer un hombre es dejarse morir. Levántese y vámonos al campo vestidos de pastores. Quizá encontremos a la señora doña Dulcinea desencantada.

Don Quijote terminó el testamento y se desmayó. Estuvo tres días con frecuentes desmayos y, finalmente, llegó la última hora de don Quijote, entre lágrimas de todos.

Glosario

a solas: sin nadie más.
abrir de par en par: abrir totalmente, por completo.
ambición: deseo de poder y riqueza.
averiguar: descubrir, llegar a saber.
bastón: palo de apoyo para andar.
borrico: burro pequeño.
bostezar: abrir la boca por sueño.
caña: tallo hueco de una planta.
cargo: puesto de trabajo, empleo.
caritativo: que piensa en los demás y ayuda a todos.
cazador: persona que busca y mata animales, que se dedica a cazar.
clavija: trozo de madera metido en un agujero para sujetar algo.
cohete: fuego artificial.
compasión: sentimiento de pena por el sufrimiento de alguien.
conde/sa: título de clase noble, inferior al de duque/sa.
consolar: disminuir la pena.
cruel: que le gusta hacer sufrir.
cuerda: hilo gordo para atar.
cuerdo: sano de juicio, no loco.
cuervo: pájaro negro.
cueva: agujero grande bajo tierra.
cumplir su palabra: hacer lo que se ha prometido.
desmayarse: perder las fuerzas y el conocimiento, caer sin sentido.
disimular: no parecer lo que es, dar impresión de otra cosa.
duque/sa: título de clase noble.
embarcar: subir a un barco.
envidia: deseo de lo que tiene otro.
espantarse: asustarse mucho.
frenar: parar el movimiento.
glotón: que le gusta mucho comer.
hábil: capaz de hacer algo.
hacer pedazos: destrozar, romper.
hallar: encontrar.
impreso: publicado en papel.
juzgado: sitio donde se juzga.
labrador: que trabaja en el campo.
leal: fiel, en quien se puede confiar.
leño: madera.
luto: ropa negra que se usa por la muerte de un ser querido.
manto: capa o ropa suelta para cubrirse sobre el vestido.
mencionar: citar, nombrar.
no tener pies ni cabeza: ser una locura o un disparate.
novillo: hijo de la vaca.
ojeras: manchas bajo los ojos debido al cansancio.
perro viejo: persona con mucha experiencia de la vida.
ponerse a salvo: protegerse, colocarse fuera del peligro.
remo: pala larga para mover un barco al meterla en el agua.
roncar: hacer ruido al dormir.
sepulcro: obra de piedra donde se guarda a una persona muerta.
socorrer: ayudar en un peligro.
tambor: instrumento musical de percusión (se golpea).
testamento: expresión de la última voluntad de una persona.
trompeta: instrumento musical de viento (se sopla).
virtud: aquí, el ser buena persona.

Actividades

Sobre la lectura

1. ¿De qué se queja Sancho cuando visita a don Quijote?
2. ¿Qué autor inventa Cervantes para su propia obra del *Quijote*?
3. ¿Qué pretende Cervantes con la conversación del bachiller?
4. ¿Qué hace Sancho en las afueras del Toboso para que don Quijote no descubra su mentira sobre Dulcinea cuando llevó la carta en la primera parte de la historia?
5. ¿Quiénes son en realidad el Caballero del Bosque y su escudero y qué quieren?
6. ¿Qué diferente actitud se observa en don Quijote en la aventura de los leones, con respecto a la primera parte?
7. ¿Qué defiende don Quijote en las bodas de Camacho?
8. ¿Qué personaje inventado por Sancho ve don Quijote en la cueva de Montesinos?
9. En la aventura del barco encantado don Quijote no quiere ver molinos de agua sino castillos, pero comparando con la primera parte se notan en él dos cambios de actitud. ¿Cuáles son esos cambios?
10. ¿Qué crítica social hace Cervantes a través de don Quijote y Sancho en las aventuras de los duques y del gobierno de la ínsula?
11. En la aventura de Clavileño todo son mentiras. ¿Cómo hacen ver don Quijote y Sancho que son conscientes de esas mentiras?
12. ¿Por qué abandona Sancho el gobierno de la ínsula?
13. ¿Qué es lo que más valoran Sancho y don Quijote cuando dejan atrás, respectivamente, la ínsula y a los duques?
    - ☐ La buena vida de placeres.
    - ☐ El dinero y la fama.
    - ☐ La libertad.
14. ¿Cuál es la intención de Cervantes al escribir el extraordinario suceso de la venta?
15. ¿Qué personaje se disfraza de Caballero de la Blanca Luna y por qué lo hace?

Actividades
Sobre el español

1. Selecciona los adjetivos necesarios para estas descripciones.

lujoso - larga - profundo - cana - negra - hermoso

Me entró un .... sueño y cuando desperté estaba en un .... prado. Vi entonces un .... palacio de cristal. De él salió un anciano con una .... capa, una gorra .... y una barba .... que le llegaba a la cintura.

2. Sancho dice el refrán "más vale algo que nada". Explica el significado de estos otros refranes de estructura parecida.

Más vale tarde que nunca: ....

....

Más vale solo que mal acompañado: ....

....

Más vale un amigo que pariente ni primo: ....

....

Más vale maña que fuerza: ....

....

3. Agrupa las palabras que tengan el significado contrario.

cuerdo - sabio - frenar - entristecer - loco - mentira - tonto desgraciado - mover - verdad - alegrar - dichoso

4. Completa el texto en tiempo pasado con estos verbos en la forma adecuada.

gustar - parecer - hablar - leer - meterse - tener - invitar

El Caballero del Verde Gabán .... unos cincuenta años y por su aspecto .... un gran señor. Le .... la caza y la pesca, ... muchos libros e .... a comer a los amigos. No le gustaba .... mal de nadie ni .... en las vidas de los demás.

5. **Don Quijote da consejos a Sancho para gobernar bien la ínsula. Pon estos consejos en estilo indirecto.**

Has de temer a Dios. Has de ver quién eres, procurando conocerte a ti mismo. Guíate por la prudencia. Sé humilde y no niegues que vienes de labradores. Siente más compasión con las lágrimas del pobre que con las informaciones del rico. Procura descubrir la verdad entre las promesas del rico y los lloros del pobre. No seas duro al hacer justicia, sino compasivo. Al que has de castigar, no le trates mal con palabras. Si sigues estos consejos, tu fama será eterna, tu felicidad inmensa y vivirás en paz con tu gente.

Don Quijote le dice a Sancho que ....

....

....

....

....

....

....

....

....

6. **Completa las frases con los siguientes nexos.**

como - pero - que - cuanto - pues - cuando - al - que

a) Yo te aseguro .... debe de ser algún sabio encantador el autor de nuestra historia, ... ellos lo saben todo.

b) .... le gustaban las burlas, se puso de rodillas delante de don Quijote y le estrechó las manos.

c) .... mayor sea Sancho en edad, más hábil será para gobernar.

d) El autor promete una segunda parte, ... dice que no ha encontrado la historia en árabe para traducirla.

e) .... decir esto, llegaron a sus oídos los relinchos de Rocinante.

f) Tú me has dicho .... la viste limpiando trigo, ... le llevaste mi carta.

Soluciones

Sobre la lectura

1. Sancho se queja de que don Quijote le sacó con engaños de su casa prometiéndole una ínsula que aún no le ha dado y de que no hizo nada por él cuando le mantearon en la venta.
2. Cervantes inventa que el autor de la historia es el sabio moro Cide Hamete Benengeli y que alguien la tradujo del árabe al español.
3. Cervantes pretende responder a las críticas hechas a la primera parte de su *Quijote* y defender su manera de escribir.
4. Sancho hace creer a don Quijote que una labradora es Dulcinea y que él no lo ve así porque un malvado encantador la ha cambiado.
5. El Caballero del Bosque es el bachiller y su escudero es un vecino del pueblo. Quieren que don Quijote y Sancho regresen a casa; el bachiller lo intenta fingiendo un combate de caballeros y el escudero recuerda a Sancho lo bien que se vive en casa.
6. Ve los leones (aunque para él están encantados) y acepta la opinión de otra persona para dar fin a la aventura: él gana si el otro no lucha.
7. Don Quijote defiende el amor libre, por encima del dinero.
8. Don Quijote ve a Dulcinea encantada con el aspecto de labradora.
9. Don Quijote ve el barco, no cambia esa realidad y lo que hace es razonar a su manera por qué está ahí ese barco. Y otro cambio de actitud es que paga dinero por el destrozo causado.
10. En la aventura de los duques don Quijote critica al representante de la Iglesia (eclesiástico) y en la del gobierno de la ínsula Sancho critica a los representantes del poder público (gobernadores).
11. Sancho dice a la duquesa que si él acepta que han volado por encantamiento, ella tendrá que aceptar como encantamiento lo que él dice que vio sobre Clavileño. Y don Quijote dice a Sancho que si quiere que él crea lo que ha visto en el cielo, Sancho tendrá que creer lo que él vio en la cueva de Montesinos.
12. Porque no quiere que le hagan más burlas y le gusta más la vida del campo, sin tener que juzgar, ni dar leyes ni usar las armas.
13. La libertad.
14. Hacer una crítica negativa de la segunda parte del *Quijote* escrita por Avellaneda y dejar claro cuál es la verdadera obra.
15. El bachiller, y utiliza ese disfraz para pelear con don Quijote y obligarle a regresar a su aldea para que recupere el sano juicio.

Soluciones
Sobre el español

1. Me entró un **profundo** sueño y cuando desperté estaba en un **hermoso** prado. Vi entonces un **lujoso** palacio de cristal. De él salió un anciano con una **larga** capa, una gorra **negra** y una barba **cana** que le llegaba a la cintura.
2. *Más vale tarde que nunca:* aconseja hacer las cosas sin prisas.
   Más vale solo que mal acompañado: aconseja elegir bien las compañías.
   Más vale un amigo que pariente ni primo: indica que la familia no siempre está ahí apoyándote y sí lo está el verdadero amigo.
   Más vale maña que fuerza: aconseja hacer las cosas con cuidado.
3. cuerdo / loco, sabio / tonto, frenar / mover, entristecer / alegrar, mentira / verdad, desgraciado / dichoso
4. El Caballero del Verde Gabán **tenía** unos cincuenta años y por su aspecto **parecía** un gran señor. Le **gustaba** la caza y la pesca, **leía** muchos libros e **invitaba** a comer a los amigos. No le gustaba **hablar** mal de nadie ni **meterse** en las vidas de los demás.
5. Don Quijote le dice a Sancho **que ha** de temer a Dios; **que ha** de ver quién **es**, procurando **conocerse** a **sí** mismo; **que se guíe** por la prudencia; **que sea** humilde y no **niegue** que **viene** de labradores; **que sienta** más compasión con las lágrimas del pobre que con las informaciones del rico; **que procure** descubrir la verdad entre las promesas del rico y los lloros del pobre; **que no sea** duro al hacer justicia, sino compasivo; **que** al que **ha** de castigar, no le **trate** mal con palabras; **que si sigue** estos consejos, **su** fama será eterna, **su** felicidad inmensa y **vivirá** en paz con **su** gente.
6. a) Yo te aseguro **que** debe de ser algún sabio encantador el autor de nuestra historia, **pues** ellos lo saben todo.
   b) **Como** le gustaban las burlas, se puso de rodillas delante de don Quijote y le estrechó las manos.
   c) **Cuanto** mayor sea Sancho en edad, más hábil será para gobernar.
   d) El autor promete una segunda parte, **pero** dice que no ha encontrado la historia en árabe para traducirla.
   e) **Al** decir esto, llegaron a sus oídos los relinchos de Rocinante.
   f) Tú me has dicho **que** la viste limpiando trigo, **cuando** le llevaste mi carta.